# RAPPORT

PRÉSENTÉ

A la *Société d'Encouragement à l'Agriculture de l'arrondissement du Havre,* au nom de la Commission (*) nommée pour l'examen de la question d'indemnité au Fermier sortant, en cas de Plus-Value du fonds loué.

PAR

## M. A. ROGER

AGRÉÉ AU TRIBUNAL DE COMMERCE DE FÉCAMP

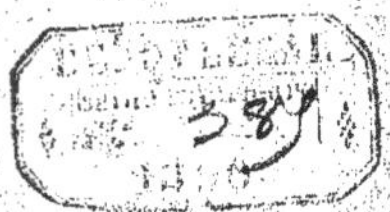

(*) Commission composée de MM. A. Burel, *président*; Bellet, A. Dutot, G. Chédru, Gosselin; Le Gouis, *secrétaire*, et A. Roger, *rapporteur*.

FÉCAMP

IMPRIMERIES RÉUNIES L. DURAND ET FILS

1890

# RAPPORT

PRÉSENTÉ

A la *Société d'Encouragement à l'Agriculture de l'arrondissement du Hàvre*, au nom de la Commission (*) nommée pour l'examen de la question d'indemnité au Fermier sortant, en cas de Plus-Value du fonds loué.

PAR

## M. A. ROGER

AGRÉÉ AU TRIBUNAL DE COMMERCE DE FÉCAMP

---

(*) Commission composée de MM. A. BUREL, *président*; BELLET, A. DUTOT, G. CHÉDRU, GOSSELIN: LE GOUIS, *secrétaire*, et A. ROGER, *rapporteur*.

FÉCAMP

IMPRIMERIES RÉUNIES L. DURAND ET FILS

—

1890

# RAPPORT

*Présenté au nom de la Commission nommée pour l'examen de la question
d'indemnité au Fermier sortant, en cas de Plus-Value du fonds loué*

### Par M. A. ROGER

Agréé au Tribunal de Commerce de Fécamp

---

Messieurs,

Dans les séances des 15 janvier, 2 juillet et 3 septembre 1889, vous avez renvoyé
à une même commission l'examen de diverses questions dont la principale était, par
son importance, celle de l'indemnité au fermier sortant, en cas de plus-value du fonds
loué.

Aussi, votre Commission, en me faisant l'honneur, dans sa réunion du 24 septembre dernier, de me désigner pour son rapporteur général, s'est-elle attachée tout
particulièrement, jusqu'ici, à l'étude de cette question de plus-value, d'ailleurs inscrite
partout à l'ordre du jour.

Je viens, assez tardivement il est vrai, et je vous en fais, Messieurs, toutes mes
excuses, m'acquitter, sur ce point, de la mission que mes honorables collègues ont bien
voulu me confier.

Si je m'étais écouté, peut-être vous apporterais-je aujourd'hui, sur ce qui a fait
l'objet des travaux de votre Commission, la matière d'une forte brochure, tant est grand
l'intérêt que présente la question soumise à vos délibérations, tant sont nombreux déjà
les articles, études et projets auxquels elle a donné lieu, surtout dans ces derniers
temps, et, enfin, tant est vaste le champ de la discussion sur un semblable sujet

Devions-nous consacrer notre temps à une analyse complète de tout ce qui a été
écrit sur la matière, ce qui aurait pu nous conduire à une foule d'appréciations sujettes
elles-mêmes à critique, étant donné qu'il ne nous appartient pas de résoudre le problème posé ?

La Commission n'a pas pensé qu'il fut utile d'entrer dans cette voie au moment où
la Chambre des députés est saisie, précisément, de plusieurs projets de loi tendant à
accorder au fermier sortant une indemnité à raison de la plus-value par lui apportée
au fonds loué, et alors que toutes les opinions émises à cet égard, notamment dans les
Sociétés d'agriculture, lui sont manifestées sous forme de vœux devant constituer un
ensemble d'éléments qui permettra à nos législateurs de délibérer à leur tour et très
prochainement, nous voulons l'espérer, sur de nombreux exposés de motifs et, dès lors,
en parfaite connaissance de cause.

Et c'est pour rester dans le rôle qui convient à une Société comme la nôtre, que je me suis borné à résumer, aussi brièvement que possible, dans ce rapport, les idées échangées au sein de la Commission, les raisons et observations présentées par chacun de ses membres pour conclure aussi par une proposition de loi qui nous a paru devoir être transmise à nos pouvoirs publics, au moins comme sujet de sérieux examen, sinon comme élément de discussion dans le Parlement, après, toutefois, qu'elle aura reçu votre approbation.

Notre unique but n'est-il pas, du reste, d'éclairer nos représentants sur les *desiderata* de l'agriculture, dans les limites où il nous est permis de les examiner et apprécier? *Sauf à plaider autrement sa cause, en temps opportun, s'il est nécessaire, dans la mesure de nos moyens?*

La question dont il s'agit était à envisager, vous l'avez d'ailleurs indiqué, Messieurs, à trois points de vue principaux :

1° *Utilité de la réforme proposée ;*
2° *Nouvelles dispositions de loi ;*
3° *Moyens pratiques d'application.*

C'est sous cette division que votre commission l'a étudiée et que j'ai l'honneur de vous présenter le rapport dressé en son nom.


## 1° Utilité de la Réforme proposée


On peut dire hardiment, sur ce point, que toutes les opinions s'accordent en principe.

Si des divergences existent, elles ne portent que sur l'étendue des dispositions à introduire dans nos lois et sur les moyens d'en rendre l'application pratique et profitable.

Dans l'état actuel de l'agriculture, la réforme proposée s'impose à l'attention de nos assemblées parlementaires. Les intérêts généraux du pays la réclament autant, sinon plus, que la situation particulière des fermiers, si digne d'intérêt qu'elle soit, depuis quelques années surtout.

Cela est indiscutable et tous les bons esprits l'admettent.

Peut-on contester et a-t-on jamais contesté avec la moindre apparence de raison que les preneurs de baux à ferme ne sont pas assez protégés par les dispositions de notre Code civil sur le contrat de louage?

Peut-on ne pas reconnaître qu'un fermier qui, à la fin de sa jouissance, est tenu, aux termes de la loi, à la réparation du préjudice qu'il a causé au fonds à lui confié, s'il est résulté une dépréciation due à sa négligence ou à toute autre faute même involontaire, ne doive profiter, par contre, dans une juste mesure, de l'augmentation de valeur assurée qu'il a pu donner au fonds par une exploitation où il aura employé toutes les ressources de son intelligence et absorbé ses économies en travaux d'améliorations dont tout le fruit reviendra au propriétaire?

N'est-il pas évident que, dans cette dernière hypothèse et contrairement à la justice comme à l'équité, le propriétaire s'enrichit aux dépens du fermier ?

Et qu'il y a une inégalité par trop accentuée entre le capital que représente le bailleur et le travail personnifié par le preneur ?

Cependant, malgré ces considérations d'ordre général, formulées il y a déjà longtemps, rien n'a été fait pour changer une situation si désavantageuse pour l'un des contractants !

Pourquoi, depuis environ cinquante ans que l'opinion publique s'est agitée sur cette question du régime des baux à ferme, soit par les doléances des Sociétés d'agriculture reproduites dans la presse, soit par des pétitionnements qui provoquèrent, à diverses époques, des dépôts de propositions de loi dont la première, à notre connaissance, remonte à 1848, pourquoi, dis-je, n'a-t-on pas encore trouvé pour nous le remède à cette situation ? alors que, plus pratique, l'Angleterre. s'emparant de nos idées, inscrivait dans ses lois, dès 1875, le principe de l'indemnité de plus-value ?

Est-il donc si difficile de résoudre dans notre pays le problème posé avec tant de persistance et de raison sur une question si essentiellement vitale, puisqu'elle est de celles qui touchent la première de nos industries : l'*industrie agricole* ?

Ici, Messieurs, nous devons constater respectueusement, une fois de plus, la solidité de l'œuvre des auteurs de notre Code civil et nous dire qu'il faut des motifs bien puissants pour y toucher, même quand il ne s'agit. peut-être, que de réparer un simple oubli !

Et puisqu'on a accusé le législateur de 1804 d'avoir, par une lacune regrettable, sacrifié les droits du fermier aux intérêts du propriétaire et établi ainsi un régime des plus préjudiciables à l'Agriculture, ne pouvons-nous pas nous demander si leur silence à cet égard n'a pas été, de leur part, un acte réfléchi commandé par le sens pratique ?

Quoi qu'il en soit, il importe de reconnaître, d'autre part, que le temps a fait aussi son œuvre. que cette question de plus-value a fait lentement, il est vrai, mais sûrement son chemin et qu'aujourd'hui la solution s'en impose avec une force irrésistible.

C'est, sans aucun doute, parce que les besoins de l'Agriculture la demandent, d'une façon de plus en plus pressante, mais aussi grâce à l'initiative de nombreuses Sociétés et des quelques députés du Nord et de la Seine-Inférieure, notamment, comme aux études et travaux d'écrivains, publicistes, magistrats, j'allais dire de philanthropes qui se sont résolument fait l'écho de l'opinion générale.

Et, tout en payant un juste tribut de reconnaissance à la *Société Nationale d'Agriculture* et à la vaillante *Société des Agriculteurs du Nord*, pour la part si importante qu'elles ont prise dans ce mouvement, il convient de placer au premier rang des Sociétés de la région Normande comme de celles voisines qui toutes ont droit à la gratitude des cultivateurs, le *Syndicat National Agricole*, dont les principaux délégués que notre Société a l'honneur de compter dans son bureau ou parmi ses membres ont si courageusement présenté et soutenu les vœux et intérêts de nos populations agricoles au Congrès international qui s'est tenu à Paris l'année dernière.

Accordons aussi, en passant, la mention qui lui est légitimement due au Syndicat Agricole des cultivateurs du Pays-de-Caux, que tant de liens rattachent à notre Société, et qui a déjà fourni son appoint à l'étude de la question pendante.

Ce serait le moment ici, Messieurs, de présenter en détail les considérations de tous ordres, les motifs généraux et particuliers qui ont fait adopter partout des vœux dans le sens de la réforme proposée. Mais, je le répète, le cadre de ce travail ne le permet point, et, d'ailleurs, l'énumération serait sans utilité puisque ces considérations, ces motifs que vous connaissez tous, sont absolument, dans leur ensemble, ceux de votre Commission.

Qu'il me suffise, pour terminer cette première partie de ma tâche, de résumer en quelques lignes tout ce qui a été dit, écrit et publié sur cet important sujet et que nous reconnaissons en très grande partie, être d'accord avec nos propres sentiments.

Il paraît malheureusement certain qu'avec l'état de choses actuel, beaucoup de fermiers, dans les dernières années de leur bail, ne peuvent se résoudre à faire des avances dont ils craignent de ne pas bénéficier. Ces fermiers, par suite, négligent leur exploitation. Ils remettent aux fermiers entrants qui viennent les remplacer, des terres très fortement sinon complètement épuisées. De là, divers résultats des plus fâcheux : La production diminue, les denrées sont moins abondantes, il faut lutter contre la concurrence étrangère sans en avoir toujours raison, la vie renchérit et les ouvriers des campagnes vont chercher dans les villes le travail qui leur fait défaut dans les exploitations rurales.

Il ne faut pas voir ailleurs la cause d'une dépopulation que chacun constate, déplore, mais que personne ne paraît songer à combattre par le vrai moyen qui serait, *selon nous*, de retenir, d'intéresser les ouvriers, en plus grand nombre, aux travaux agricoles par de bonnes lois de prévoyance forçant en quelque sorte la production du sol et par conséquent le bien-être.

D'autres fermiers, songeant moins à eux-mêmes, mais qui pour cela passent pour téméraires, imprudents, insensés même, continuent jusqu'au bout leurs cultures soignées, leurs améliorations variées au prix des plus lourds sacrifices ; et qui en recueille les résultats ? Le propriétaire d'abord qui loue plus facilement et plus cher, puis le nouveau fermier qui récolte de suite et pendant quelques années avec avantage, sans frais extraordinaires, ce qui peut être légal, mais n'est assurément pas juste.

Mais c'est là l'exception, car la plupart, cessant leurs améliorations dès qu'ils prévoient ne pouvoir en profiter, et le plus souvent, dans la crainte de ne pas obtenir de renouvellement de bail, n'arrivent guère à avoir dans le cours d'un bail de neuf ans, par exemple, que trois années de culture intensive, pendant lesquelles la terre aura donné son maximum de production.

D'où il suit que le sol ne produit pas d'une manière constante tout ce qu'on pourrait en obtenir, au grand détriment de la richesse du pays tout entier, de la fortune publique et du bien-être des travailleurs de toutes professions, du plus grand nombre en un mot.

L'état de choses ainsi exposé à grands traits, sous les différents aspects qu'il comporte, révèle donc incontestablement un mal profond, enraciné, dont souffre depuis longtemps notre Agriculture et dans lequel, il faut voir l'une des causes de la crise qui l'étreint si obstinément.

Ce mal n'est-il pas démontré, d'ailleurs, avec la dernière évidence, par le mouvement d'opinion qni s'est si généralement et si nettement accentué dans ces dernières années ?

Or, la cause du mal étant connue, il incombe spécialement aux associations et comices agricoles de toute nature, de rechercher les meilleurs moyens d'y remédier avec efficacité.

Et, dans cet ordre d'idées, votre Commission partageant l'avis que l'un de ces moyens est de tenir compte au fermier sortant, dans une certaine mesure, des améliorations qu'il a réalisées, considère que la réforme proposée est éminemment utile, qu'elle est même nécessaire.

### 2° **Nouvelles dispositions de loi**

La réforme dont il s'agit ne saurait s'accomplir sans qu'il soit quelque peu touché à la législation qui régit en ce moment le contrat de louage.

Comme vous le savez, Messieurs, le Code civil est absolument muet sur cette question de plus-value et il est permis de s'étonner que les éminents jurisconsultes qui l'ont préparé n'aient pas prévu la différence de situation qui résulterait pour le preneur, à sa sortie, selon qu'il remettrait le fonds déprécié ou amélioré par son fait.

On s'était pourtant préoccupé de cette question dans l'ancien droit et elle avait été diversement résolue par la doctrine et la jurisprudence. Toutefois, les partisans d'une indemnité au fermier sortant pour amélioration du fonds, étaient assez nombreux.

Comment donc expliquer que les rédacteurs du Code, qui ne pouvaient ignorer ce point de droit ni le négliger dans leurs travaux ne l'aient pas tranché dans un sens ou dans l'autre ? Alors qu'ils ont eu soin de traiter et de résoudre, en faveur de l'indemnité de plus-value, des cas qui présentent une certaine analogie avec le réglement des rapports entre le propriétaire et le fermier, tels que :

La situation du donataire d'un immeuble sujet à rapport vis-à-vis des héritiers (C. civil art. 861) ;

Celle du gérant d'affaires vis-à-vis du maître (art. 1375) ;

Celle du possesseur de mauvaise foi évincé vis-à-vis du propriétaire (art. 1381) ;

Celle de l'acheteur à réméré vis-à-vis du vendeur (art. 1673).

Nous l'avons déjà dit : quelles qu'aient été les raisons de leur silence à cet égard, il faut s'incliner avec déférence devant le souvenir de ces grands législateurs sans se livrer à des recherches qui, en admettant leur succès fort peu probable, n'auraient guère aujourd'hui qu'un intérêt purement historique.

On peut seulement regretter que nos savants juristes contemporains n'aient pas, non plus, traité directement cette question sur laquelle la Cour de cassation, dont la jurisprudence supplée parfois au silence du Code, n'a même jamais été appelée à se prononcer.

Il y a là, en effet, manque d'éléments pour transformer le projet qui nous occupe en dispositions de loi qui seraient déjà indiquées par des appréciations doctrinales ou des décisions judiciaires.

De sorte que le Parlement va avoir à légiférer sur une question nécessairement susceptible de controverse et n'aura, pour l'étudier et prendre une solution, outre ses propres lumières, que les idées émises par les Sociétés agricoles et tous autres travaux particuliers qui ont pu se produire jusqu'ici.

C'est pour que la Société d'Encouragement à l'Agriculture de l'arrondissement du Havre apporte aussi sa pierre à l'édifice que votre Commission a arrêté la rédaction d'un projet à vous soumettre et par l'énoncé duquel je terminerai le présent rapport.

Autrement, il nous eut semblé au moins inutile, j'allais dire prétentieux, de nous livrer à un travail pouvant être regardé comme un empiètement sur les attributions de nos Commissions parlementaires.

Votre Commission a d'abord décidé qu'il y avait lieu de poser le principe de l'indemnité de plus-value dans une addition à l'article 1766 du Code civil, lequel est ainsi conçu : « *Si le preneur d'un héritage rural ne le garnit pas des bestiaux et des ustensiles nécessaires à son exploitation, s'il abandonne la culture, s'il ne cultive pas en bon père de famille, s'il emploie la chose louée à un autre usage que celui auquel elle a été destinée ou, en général, s'il n'exécute pas les clauses du bail, et qu'il en résulte un dommage pour le bailleur, celui-ci peut, suivant les circonstances, faire résilier le bail. En cas de résiliation provenant du fait du preneur, celui-ci est tenu à des dommages et intérêts, ainsi qu'il est dit en l'article 1764.* »

Les dispositions nouvelles obligeraient le propriétaire à tenir compte au fermier d'une partie de la plus-value procurée par celui-ci au fonds loué par tous travaux de culture ou améliorations agricoles.

Ce n'est certes pas dans un but de spéculation, mais simplement pour être assurés de recevoir, à la fin de leur occupation, une indemnité à raison de leurs dépenses utiles, que les fermiers réclament si énergiquement les dispositions de loi dont il s'agit. Il nous avait donc paru juste, puisque l'article 1766, ci-dessus rapporté, oblige le preneur à dédommager le propriétaire en cas de dépréciation, sans partage avec celui-ci, de lui accorder, par réciprocité, le remboursement de la totalité de ses frais, quel qu'en fut le chiffre, si la plus-value était égale ou supérieure à ce chiffre. Il nous semblait non moins équitable que tout excédent de plus-value sur la dépense fut partagé par moitié entre le propriétaire et le fermier. Ce dernier, qui aurait déjà recueilli pendant son exploitation le fruit de ses améliorations et qui, de plus, serait rentré dans ses déboursés, se trouverait ainsi suffisamment récompensé et encouragé dans ses efforts. Il ne faudrait pas qu'à la faveur d'un texte trop large, le fermier visât à autre chose qu'à amender le fonds pour augmenter la production. Autrement ce serait dépasser le but et retomber dans un autre mal. Nous pensions, enfin, que si la plus-value était inférieure à la dépense, le fermier ne pourrait réclamer que le montant de cette plus-value : Le propriétaire ne saurait être engagé, en effet, dans des dépenses parfois considérables s'il ne devait pas trouver au moins l'équivalent dans une augmentation certaine de la valeur du domaine. Si les frais n'avaient pas donné au fermier les résultats espérés, ce serait fâcheux pour lui, mais on pourrait toujours lui dire qu'il n'a pas fait tout le nécessaire pour avoir mieux.

Cependant, avant de vous proposer l'adoption d'un vœu en faveur de ces mesures certainement marquées au coin de la bonne justice, nous avons prévu un écueil qui pourrait, dans la plupart des cas, en paralyser les effets : il s'agit de la constatation des dépenses du fermier. Comment établir, à la sortie de celui-ci, le compte des frais qu'il aura faits pour produire une plus-value, durant une occupation plus ou moins longue ? Le plus souvent, ce serait extrêmement difficile, pour ne pas dire impossible, même avec des experts d'une compétence reconnue, d'une expérience consommée. Malgré la diffusion de l'instruction, l'usage de la comptabilité, même sommaire, ne s'est guère généralisé jusqu'ici dans nos populations agricoles où on s'en rapporte à la mémoire plutôt qu'aux écritures. Les experts se trouveraient donc presque toujours en présence des dires du fermier ou de comptes, notes et factures dont le propriétaire pourrait être enclin, quelquefois même autorisé à suspecter la sincérité, et il s'en suivrait des contestations et des difficultés telles que le remède serait assurément pire que le mal.

Il importe que, dans tout règlement de cette nature, la bonne foi ne soit pas mise en question et votre Commission a été d'avis, pour éviter l'écueil signalé, de répartir la plus-value, toutes les fois qu'elle sera établie et quelle qu'en soit l'importance, à raison d'un quart au propriétaire et de trois quarts au fermier sans rechercher quelles dépenses de ce dernier ont pu déterminer cette plus-value.

La solution peut ne pas paraître aussi rationnelle que l'autre, en présence de la situation déjà faite au fermier par l'article 1766 ; nous n'avons cependant pas hésité à l'adopter et. en cela, nous nous sommes préoccupés de ne pas rendre une disposition stérile par des difficultés d'application insurmontables.

D'ailleurs, la plus-value étant rarement supérieure aux dépenses, mais au contraire notablement inférieure dans la plupart des cas, le fermier qui ne pourrait jamais, dans notre pensée première, réclamer au-delà de cette plus-value, ne se trouvera pas sérieusement lésé en ne recevant que les trois quarts.

D'un autre côté, il ne pourra que gagner dans ses rapports avec le propriétaire si ce dernier a la certitude de toujours bénéficier, dans une certaine proportion, de l'augmentation de valeur donnée à son domaine.

En tout cas, nous croyons prudent, dans l'intérêt même du fermier, de réserver au propriétaire la faculté de s'opposer, jusqu'à ce qu'il en ait été autrement décidé, à l'exécution de tous travaux qui n'auraient pas de caractère essentiellement agricole et qui ne seraient pas de nature à produire plus-value. Cette réserve, inhérente au droit de propriété, prémunira le fermier, dans certains cas, contre l'inexpérience ou les entraînements.

Les expressions : « *Travaux de culture, améliorations agricoles* » pouvant paraître trop vagues, nous avons prévu la plupart des travaux susceptibles d'entraîner une plus-value. Il va de soi, qu'en pareille matière, rien ne saurait être de droit étroit. Cette disposition serait donc purement énonciative et non limitative. .

De l'énumération nous avons toutefois excepté les plantations et constructions pour les laisser sous l'empire du droit commun (Code civil, article 555). Le plus souvent ces travaux ne sont pas exécutés dans le seul but d'améliorer le fonds en vue d'une plus grande production, mais aussi pour la convenance et l'agrément du fermier. D'ailleurs, comme il s'agit là de choses susceptibles d'enlèvement, le fermier, comme tous autres tiers, continuera à être protégé dans ses intérêts par l'article 555 précité.

Enfin, comme dernière disposition générale et de principe, nous admettons que toute clause de bail ou convention tendant à empêcher l'exercice du droit de plus-value au fermier serait nulle et de nul effet ou réputée non écrite.

Ne pas inscrire l'obligation dans la loi, c'est rendre cette loi stérile, lettre morte. Cela n'est plus à démontrer. Nous connaissons trop l'esprit qui préside ordinairement aux rapports et conventions entre propriétaires et locataires pour craindre que, la plupart du temps, il ne soit imposé à ceux-ci des conditions de bail venant détruire tout-à-fait l'économie des nouvelles dispositions de loi.

On nous accusera certainement (le reproche s'est déja manifesté !) de vouloir inaugurer ainsi une sorte de socialisme, en portant une atteinte grave aux droits du propriétaire et à la liberté des conventions.

Ces principes, que nous respectons tous, Messieurs, resteront, qu'on se rassure, aussi entiers après le vote de la disposition que nous proposons qu'il l'a été depuis le code civil où nous rencontrons, cependant, plusieurs articles qui interdisent de stipuler telles ou telles clauses ou qui, si ces clauses sont écrites, en prononcent d'avance la nullité.

L'intérêt général et national de la réforme poursuivie n'est-il pas le meilleur *criterium* de l'objection soulevée, et peut-on prétendre que l'immixtion du législateur, en semblable circonstance, constitue une atteinte à la liberté des contrats, sagement comprise, quand il s'agit de la prospérité publique, considérée en face de certains intérêts particuliers ?

N'est-ce pas, au contraire, faire acte de vrai patriotisme que de protéger et encourager une classe de travailleurs qui couvre la France entière, dont les produits sont de première nécessité dans toutes les couches de la Société, et à qui nous devons de n'être pas tout à fait tributaires de l'étranger ?

N'y a-t-il pas là un intérêt primordial devant lequel tous les autres doivent s'effacer ?

Les propriétaires eux-mêmes ne se trouveront-ils pas favorisés par une réforme qui semble de nature à augmenter la valeur foncière ?

Poser ces questions, c'est les résoudre et nous devons, du reste, constater que la plupart des projets venus à notre connaissance, entr'autres ceux déposés à la Chambre, réclament le principe de l'idemnité obligatoire.

Tout le monde sent que ce n'est pas attenter à la liberté que de faire œuvre d'utilité publique.

### 3° Moyens pratiques d'application

Les principes généraux de la réforme à atteindre, une fois définis, il a paru nécessaire à votre Commission d'entrer dans l'examen de quelques dispositions secondaires de nature à en faciliter la bonne application.

Nous nous sommes en cela laissés guider surtout par la préoccupation d'éclairer nos représentants au Corps législatif sur les véritables intérêts qu'il nous appartient de ménager pour que la loi à élaborer sorte de leurs délibérations conçue dans un sens clair et pratique qui en fasse sentir les effets dès son premier fonctionnement, sans difficultés d'interprétation ni autres. Ce qui ne s'est pas réalisé, comme on pouvait l'espérer, disons-le en passant, pour plusieurs lois votées dans ces dernières années, telles que, pour ne citer que celles-là, la loi de 1884 sur les ventes judiciaires d'immeubles et la loi de 1889 portant modification à la législation des faillites, peut-être faute de renseignements suffisants puisés à bonnes sources ou faute d'appel à la collaboration de praticiens mûris par l'expérience et rompus aux affaires.

En premier lieu, nous déterminons les mesures à prendre pour la constatation de l'état des biens à l'entrée du fermier, pour décider sur l'utilité de certains travaux en cas d'opposition du propriétaire, et, enfin, pour la fixation de la plus-value à la sortie.

Nous nous occupons ensuite de la compétence du juge de paix pour la rendre exclusive à la matière, tant en premier qu'en dernier ressort, et de la mission des experts auxquels il y aura lieu de recourir dans les différents cas, à défaut d'arrangement entre les parties.

Et, enfin, nous indiquons la meilleure procédure à suivre, selon nous, pour arriver avec promptitude et économie à l'application de la loi toutes les fois que les intéressés auront à s'y soumettre.

Car il demeure bien entendu, que le propriétaire ne pouvant se soustraire, même indirectement, à l'obligation d'indemniser le fermier, rien n'empêchera celui-ci, pour s'affranchir de certaines formalités, de régler de gré à gré avec le propriétaire tout ce qui se rapportera à l'état de la ferme lors de la prise de possession, aux travaux qu'il croira bon d'exécuter durant sa jouissance, et enfin au compte de la plus-value qui aura pu en résulter. Le fermier, connaissant l'étendue de ses droits et de ses obligations, pourra toujours, s'il ne tient pas à mettre la procédure en mouvement, demander au bailleur des engagements écrits qui le garantiront pleinement. S'il ne le fait pas, il n'aura pas à reprocher à d'autres sa propre négligence.

Le simple libellé de chacune de ces dispositions dans le projet qui va suivre nous parait suffisant pour en demontrer l'utilité sans qu'il soit besoin, ici, d'explications particulières.

# CONCLUSION

## Projet de loi

Telles sont, Messieurs, les diverses raisons, rapidement passées en revue, qui ont porté votre Commission à vous proposer d'émettre un avis favorable au vœu soumis à la Société par plusieurs de ses membres et, dans la pensée qu'il pourra être de quelqu'utilité, d'adopter aussi le projet de loi suivant en le recommandant à toute l'attention de la Chambre.

### Article premier

Sont ajoutées à l'article 1766 du Code civil les dispositions suivantes :

Le propriétaire devra tenir compte au fermier sortant des trois quarts de la plus-value assurée et permanente que celui-ci aura procurée au fonds loué par ses travaux de culture et améliorations agricoles ; le surplus lui demeurera acquis.

Toute clause de bail ou convention contraire sera nulle et de nul effet.

Sont considérés comme travaux et améliorations de nature à produire plus-value :

1° Approfondissement et nettoyage de la couche cultivable, par labours, fouillages ou autres moyens.

2° Terrage, marnage, chaulage ;

3° Emploi d'engrais commerciaux, *nitrates et sulfates exceptés* ;

4° Emploi exceptionnel de fumiers, purins, engrais analogues ;

5° Création ou amélioration de pâtures ou prairies permanentes ;

6° Création ou amélioration de prairies irriguées ;

7° Etablissement de puits ou réservoirs pour les usages domestiques, création de fossés pour l'écoulement des eaux ;

8° Création ou amélioration des chemins d'exploitation, ponts, aqueducs ;

9° Mise en culture de terrains vagues ; .

10° Drainage, nivellement, assainissement.

Ce qui concerne les constructions et plantations continuera à être régi, à défaut de conventions, par l'article 555.

### ARTICLE 2.

Pour exercer son droit à la plus-value, le fermier devra, dans l'année de son entrée en jouissance, faire constater l'état des biens affermés au moyen d'une expertise soit amiable, soit dans les formes réglées par les articles 5 et 7 ci-après.

Une semblable expertise devra être provoquée dans les six mois qui précèderont la sortie du fermier, à quelqu'époque qu'elle ait lieu et quelle qu'en soit la cause, et cette expertise devra être faite avant l'enlèvement de la dernière récolte.

En cas de poursuites en résiliation, le droit de demander cette expertise sera ouvert du jour de l'exploit introductif d'instance.

### ARTICLE 3.

Le fermier sera tenu, pour procéder aux travaux et améliorations prévus sous l'article 1er, nos 5 à 10, de prévenir le propiétaire par lettre recommandée au moins trente jours à l'avance. Cet avertissement ne sera pas nécessaire pour les autres.

### ARTICLE 4.

Le propriétaire pourra s'opposer à l'exécution de tous travaux qui n'auraient pas un caractère essentiellement agricole et ne paraîtraient pas susceptibles de produire plus-value.

Il devra, à cette fin, provoquer la constitution, dans les formes prescrites par les articles 5 et 7 ci-après, d'une commission d'expertise qui, après s'être entourée de tous les renseignements nécessaires, dira si les travaux sont utiles et peuvent être exécutés.

### ARTICLE 5.

Chaque fois qu'il y aura lieu à expertise, conformément aux articles 2 et 4, il y sera procédé par une Commission de trois membres pour toute location en principal de 5,000 fr. et au-dessous, et de cinq membres pour les locations d'un chiffre supérieur.

A cet effet, la partie la plus diligeante présentera au juge de paix une requête exposant les causes d'expertise.

Le juge de paix convoquera l'autre partie à son bureau de conciliation par simple avertissement recommandé à la poste et expédié au moins huit jours à l'avance. Chaque partie désignera un ou deux experts, selon le cas. Sinon, le juge les nommera d'office. Les jour, heure et lieu du commencement des opérations seront immédiatement fixés. Le juge rédigera du tout procès-verbal.

Le juge de paix procèdera de même, faute par l'une ou l'autre des parties de se présenter au bureau de conciliation ; mais, dans ce cas, le défaillant devra être cité par acte extrajudiciaire dans le même délai de huitaine, et s'il ne comparait pas encore, le procès-verbal du juge lui sera signifié par la même voie.

Au refus des experts ou faute par eux de se présenter au jour fixé pour les opérations, il sera procédé d'office à leur remplacement par le juge de paix.

### ARTICLE 6.

Le juge de paix compétent sera celui de la situation du fonds loué ou, en cas d'extension sur plusieurs cantons, celui du canton dans lequel se trouvera la partie comprenant la maison de ferme.

### ARTICLE 7.

Les experts seront informés de leur mission par lettres du greffier, expédiées le jour même de leur nomination et recommandées à la poste.

Dans la quinzaine, ils désigneront un tiers expert qui, à défaut d'entente et sur avis au juge de paix, sera nommé par celui-ci et informé comme il est dit ci-dessus.

La Commission d'expertise ainsi formée se réunira au jour fixé sans prestation de serment préalable, s'il n'y a eu réquisition à cet effet par l'une des parties dans les huit jours de la nomination.

Elle dressera procès-verbal de ses opérations en triple original dont un sera déposé au greffe de la justice de paix et les autres seront remis aux intéressés.

Elle devra se prononcer sur toutes les questions soumises à son examen.

Si ses décisions ne sont pas acceptées par l'une ou l'autre des parties, ces décisions dûment homologuées par le juge de paix, seront exécutoires comme jugements en dernier ressort sans aucun recours, lorsque le chiffre des travaux à exécuter ou des indemnités à régler n'excédera pas 1,500 fr.

Au dessus de 1,500 fr. l'homologation du juge de paix sera susceptible d'appel dans les trois jours de la signification.

### ARTICLE 8.

Les indemnités accordées aux fermiers pour plus-value se compenseront jusqu'à due concurrence, avec les fermages et accessoires qu'ils pourraient devoir.

Elles seront privilégiées sur les immeubles loués au même titre que la créance du bailleur de fonds, en vertu de l'article 2,103 § 2 du Code civil, dès que l'homologation du juge de paix aura acquis force de chose jugée conformément à l'article 7.

### ARTICLE 9.

Les frais d'expertises et autres, à moins de décisions contraires, seront supportés moitié par chaque partie.

Un projet de loi sera présenté dans le mois de la promulgation de la présente pour fixer les droits d'enregistrement et de greffe et les émoluments des experts en la matière.

### ARTICLE 10.

Les dispositions des articles 2, 5, 6, 7, 8 et 9 ne s'appliqueront que s'il n'intervient pas de conventions amiables entre les parties pour la constatation et le règlement des indemnités de plus-value dues en vertu de l'article 1er.

### ARTICLE 11.

La présente loi sera applicable aux baux et locations qui auront encore une durée à courir d'au moins trois années au moment de sa promulgation.

*Le rapporteur,*

A. ROGER.

Goderville, le 3 Juin 1890.

Ce rapport a été adopté par la Société, après discussion, dans sa séance générale du 3 Juin 1890, avec de légères modifications aux art. 1er, 3 et 5 du projet de loi et moins l'art. 11 qui a été abandonné.

Fécamp. — Imprimeries réunies L. DURAND ET FILS, rue de l'inondation.

9 782013 382779